HOPE

Those

Those who **hope**

Those who **hope**
in the **Lord**

Those
who **hope**
in the **Lord**

Those who hope in the Lord

will renew their **strength.**

They will

Those who hope

in the Lord

will renew their **strength**.

They will soar

on wings like **eagles!**

Those who hope
in the **Lord**
will renew their strength.
They will soar
on wings like **eagles**;

they will run

Those who **hope** in the Lord

will renew their **strength**.

They will **soar**

on wings like eagles;

they will **run**

and not grow **weary**

Those who **hope**

in the Lord

will renew their strength.

They will **soar**

on wings like eagles;

they will **run**
and not grow weary,
they will **walk**

Those who **hope** in the **Lord**

will renew their **strength**.

They will **soar** on wings like eagles;

they will **run** and not grow weary,

they will **walk** and not be **faint**.

Isaiah 40:31

Those ___ ____ in the _____
will ____ their _____.
They will ____ on ____ like _____;
they ____ ___ and not ____ _____,
they will ____ and not __ _____.

Isaiah __:__

Certificate of Memorization

_____

(NAME)

memorized Isaiah 40:31
on

_____

(DATE)